UN MOIS

DANS

LES LIGNES PRUSSIENNES

Paris. — Imprimerie de E. DONNAUD, rue Cassette, 9.

UN MOIS

DANS

LES LIGNES PRUSSIENNES

DU 18 AOUT AU 19 SEPTEMBRE

PAR

UN CHIRURGIEN

AIDE-MAJOR DE LA SOCIÉTÉ INTERNATIONALE DE SECOURS AUX BLESSÉS

PARIS
E. DENTU, LIBRAIRE-ÉDITEUR
PALAIS-ROYAL, 17 ET 19, GALERIE D'ORLÉANS
—
1870
Tous droits réservés.

Ceci n'est point une préface. Je ne chercherai même pas à essayer de faire comprendre l'utilité de la relation que j'offre au public ; il me suffit que je croie accomplir un devoir civique en le faisant. Témoin oculaire de faits défigurés ; ayant vécu pendant une grande partie de la guerre au milieu des lignes prussiennes, en rapports quotidiens avec des officiers et des médecins de l'armée ennemie, je crois qu'il a été donné à peu de personnes de voir mieux que moi et d'aussi près ce qui s'est passé dans le cours de cette malheureuse guerre. Il ne faut pas cependant qu'on s'attende à trouver dans cette relation précipitamment écrite un historique de la campagne ; en qualité de médecin aide-major de la Société internationale, c'est surtout au point de vue de mon occupation journalière devant Metz que j'ai rédigé ces quelques pages. J'ai voulu montrer l'incurie de l'administration française, cause de tant de désastres; incurie telle, qu'on croit rêver à la démonstration de certains faits. J'ai voulu montrer cette incurie existant même dans le service médical, pour lequel nous avions cependant la dure expérience de la guerre d'Italie. J'ai voulu montrer enfin, mais n'était-ce pas inutile ? le peu de patriotisme de certaines municipalités qui ont accueilli des médecins français avec moins d'empressement que des cavaliers prussiens.

Il est pénible d'avoir à remuer toutes ces hontes ; mais, à mon sens, plus le devoir est pénible, plus il est impérieux. Ce n'est pas lorsque le sol est souillé par la présence de l'étranger que les considérations de personnes doivent faire obstacle à l'épanouissement de la vérité. Les faits sont là, nous les voyons, nous sommes les malheureux comparses d'une féerie tragique ; nous avons le droit de marquer au fer rouge non-seulement ceux qui ont tramé le crime, mais encore ceux qui en ont été les complices par une insouciance qui semblait ériger en principe le mépris de la vie humaine. Un jour viendra où la part de chacun sera faite, nous n'en doutons pas ; déjà des coupables ont subi le châtiment, trop doux encore. Il faut aller plus loin, arracher tout ce qui entrave la marche des rouages du corps administratif dans ses rapports avec la société ; la routine de l'administration a été, après Bonaparte, notre plus cruel ennemi.

Nous n'avons pas voulu faire notre rôle plus grand qu'il n'a été ; nous regrettons d'avoir été forcé de parler souvent de nous, « le moi est haïssable. » Ce n'est pas notre faute si notre récit tombe un peu dans l'autobiographie, nous étions acteur et spectateur en même temps. Comme acteur, nous avons servi notre pays ;

comme spectateur et rapportant ce que nous avons vu, nous voulons le servir encore. C'est le droit de chacun, on ne le discutera à personne, encore moins à celui qui a vu le foyer paternel flétri et souillé par l'étranger !

UN MOIS
DANS
LES LIGNES PRUSSIENNES

I

A peine de retour à Paris d'un voyage sur les bords du Rhin, où j'avais pu juger de l'activité avec laquelle la Prusse se préparait à répondre à la déclaration de guerre du gouvernement déchu, j'avais sollicité la faveur d'entrer dans l'armée active comme aide-major. On prit mon nom au Val-de-Grâce, ainsi que mes titres, et pendant huit jours j'eus à passer par la filière administrative qui, dans les petites comme dans les grandes choses, entrave toujours l'initiative individuelle; je n'obtins, en dernier lieu, qu'une fin de non-recevoir déguisée en promesse encore à exécuter.

Je m'adressai alors à la Société internationale de

secours aux blessés, qui m'accepta en qualité d'aide-major. Un de mes amis, le docteur Lagrelette, médecin-adjoint à l'établissement hydrothérapique d'Auteuil, à la nouvelle de nos désastres de Wœrth et de Reischoffen, quitta en toute hâte la Bretagne qu'il parcourait en amateur, et vint me trouver, guidé par l'idée de se rendre utile dans la mesure de nos communs efforts.

Nous nous présentions aux bureaux de l'Internationale chaque matin, et cela dura dix jours ; cependant nous ne demandions aucun traitement, aucune indemnité, rien qu'une feuille de route et une mission. L'organisation de la Société internationale était très-défectueuse, au moins quant à la rapidité de l'expédition des affaires, malgré le dévouement de l'honorable docteur Chenu. Cet homme est, à notre avis, le seul qui, dans le trop nombreux personnel de cette administration, ait rendu de réels services et bien mérité du pays. Mais, comme il le disait lui-même avec douleur et presque avec rage, que pouvait-il faire seul, personne ne l'aidant, — chacun au contraire semblant travailler à entraver ses actes?

Destinés à partir pour Metz le 12 août, nous ne le pouvions plus, la ligne étant coupée. Quatre jours après, nous recevions une feuille de route pour Châlons-sur-Marne. Cette feuille portait « pour être mis à la disposition du Comité de Châlons. » En conséquence, nous prenons un train militaire le 16 août, à 8 heures du soir, et nous arrivons aux environs de Châlons à 1 heure du matin. Je dis « aux environs » parce que la voie était tellement embarrassée par les voitures, les canons, les chevaux, les fourgons, que nous dûmes stationner une heure et demie avant d'entrer en gare.

Le maréchal de Mac-Mahon venant du camp avait passé la nuit précédente, seul, dans le cabinet du chef de gare, la tête appuyée dans les mains ; son corps d'armée était au camp et devait en partir le lendemain. En effet, nous le vîmes traverser Châlons dans la journée. C'était le 17 août.

Notre première préoccupation fut de nous présenter à l'Hôtel-de-Ville, pour nous mettre à la disposition des autorités. Le maire, M. Perrier, étant occupé à discuter avec des boulangers, n'avait pas le temps de nous recevoir. Son secrétaire trouvait que, comme nous avions des parents à Châlons, il était tout simple que nous allassions loger chez eux. Ce qu'il y avait de curieux dans cette réponse, c'est que la ville recevait le même jour de la Société internationale dix mille francs pour le service médical. Quant au Comité de secours aux blessés, à la disposition duquel nous étions mis par notre feuille de route, on en avait entendu parler vaguement.

Au dire du premier adjoint, ce Comité n'était encore qu'en formation. Bref, de guerre lasse, nous avisâmes à nous tirer d'affaire nous-mêmes.

La rencontre que nous fîmes de M. de Cazenove, directeur du Comité international de Lyon, nous fut très-utile. M. de Cazenove nous procura des brassards qui n'existaient pas encore à Paris, le sous-intendant militaire, M. Desbuttes, nous les timbra, nous donna un drapeau et nous engagea à marcher en avant jusqu'à un champ de bataille, si nous voulions nous rendre utiles.

Dans la journée nous rencontrons le docteur Delacroix, de Reims ; le soir, nous nous trouvons à l'hôtel avec quatre personnes originaires de Mulhouse, dont deux internes des hôpitaux de Paris, un ingénieur et un commerçant. Nous étions sept, tous jeunes, pleins d'initiative et de bonne volonté.

Nous prenons en dînant la résolution de partir le soir même pour Sainte-Menehould, par quelque moyen que ce fût, pour nous rapprocher du centre d'opération des armées.

Un dernier train de munitions devait être expédié dans la nuit ou le matin pour Verdun ; le sous-intendant nous remit un sauf-conduit avec droit de circulation. Le matin, 18 août, à l'aube, chacun de nous, le sac au dos, montait dans le wagon aux dépêches; il n'y avait plus de trains de voyageurs. Jusqu'à Sainte-Menehould, rien d'extraordinaire; on parlait d'éclaireurs prussiens faits prisonniers dans les bois par les gardes forestiers. Nous avions, disait-on, gagné une grande bataille du côté de Metz; on l'affirmait; on avait lu une dépêche télégraphique de Verdun (1).

De Sainte-Menehould à Verdun le train allait lentement; nous examinions la plaine ou les hauteurs; le moindre accident de terrain, la moindre bande noire se dessinant à l'horizon était, pour nous, un groupe d'éclaireurs, un détachement de cavalerie. On discutait alors si nous voyions des casques français ou prussiens. Le fait est, que nous étions plus près de l'ennemi que nous ne nous en doutions. A midi, nous arrivions en gare. La ville était encombrée de bestiaux, de chevaux, de voitures de réquisition, de fourrages; l'inquiétude y régnait; on avait vu la veille aux portes trois uhlans qui étaient repartis bride abattue, sans être poursuivis, — cela va sans dire.

C'était toujours la même tactique stupide qui laissait librement circuler les éclaireurs ennemis, sans nous éclairer nous-mêmes.

(1) Il s'agissait probablement de la bataille de Vionville.

Trois de nous se rendirent chez le commandant de place pour demander des voitures ; car, chargés comme nous l'étions, il nous eût fallu voyager à petites journées et risquer de n'arriver que bien tardivement sur le champ de bataille, où nous n'eussions plus été que de fort médiocre utilité.

Le commandant de place reçut avec défiance nos trois amis qui parlaient très-purement l'allemand et douta de leur qualité de Français ; il leur fit part de ses soupçons. Allions-nous être arrêtés comme espions? Peu s'en fallut. Cependant nos feuilles de route bien en règle plaidèrent assez notre cause pour qu'il nous promît deux voitures. L'intendant militaire, loin de nous aider, fit tout ce qui dépendit de lui pour nous les retirer ; ce fut grâce au commissaire de police que nous pûmes les conserver et nous hâtâmes notre départ, de peur que de nouvelles difficultés ne nous forçassent d'aller à pied.

Nous voici donc sur la route d'Étain, le brassard au bras et le drapeau de l'Internationale flottant sur nos voitures. A deux lieues de Verdun, cinq cavaliers arrivent à nous, et, du milieu de la route, le pistolet au poing, la lance au pied, nous font signe d'arrêter.

Le plus jeune, qui semblait être un officier, nous demanda en français qui nous étions ; il désarmait en même temps son pistolet et ses compagnons faisaient de même.

C'était un jeune homme imberbe de 18 à 20 ans au plus, de façons distinguées. Il avait reconnu le drapeau de la convention de Genève.

« Combien de docteurs ? — Cinq. — Combien d'aides ? — Deux. — Où allez-vous ? — Au champ de bataille : est-il éloigné ? — Allez, messieurs, à Étain, nos soldats vous donneront des renseignements ; il se livre en ce moment une grande bataille, mais nous ne savons pas au juste sur quel point. Il y a de vos compatriotes à Étain, des médecins de la Société de Genève. Bonjour, messieurs, et bonne chance. » Sur ce, tous les cinq nous saluèrent en s'éloignant dans la direction de Verdun. Un peu plus tard, nous apprîmes dans une ferme qu'ils avaient en passant commandé à souper pour le soir. Ils agissaient absolument comme s'ils eussent été chez eux.

La nuit approchait ; à droite de la route, devant nous, tout à fait dans le lointain, nous apercevions par instants des lueurs rapides, nous voyions les courbes produites par les obus à l'horizon. Un village brûlait. C'était la fin de la grande bataille qui nous était annoncée depuis Verdun. Nous suivions des yeux avec anxiété ces indices silencieux du grand drame qui se jouait à quelques lieues de nous. De quel côté était la victoire ? De chaque coin du tableau s'élançait avec régularité le même nombre de lueurs. Les deux camps se répondaient avec acharnement ; mais pas un bruit, pas un sifflement. Nous étions trop loin pour que le son portât.

Nous arrivâmes à Étain vers neuf heures. Il faisait fort sombre. A l'entrée de la ville se trouvait un piquet de uhlans, qui ne fit pas même attention à nous ; les rues étaient encombrées d'habitants qui discutaient à voix basse. Point d'effroi, d'ailleurs ; on espérait que cette grande bataille qui s'achevait nous serait favorable, et que le petit détachement d'ennemis qui occupait alors la ville serait obligé de se retirer dans la nuit. Une femme nous indiqua l'hôtel où étaient descendus les médecins et le personnel de l'ambulance Internationale française. Comme elle était composée d'élèves des hôpitaux de Paris, nous ne doutions pas d'y trouver des connaissances, peut-être même des amis. Nous n'avions d'ailleurs aucune envie de nous joindre à eux, parfaitement décidés que nous étions à ne pas changer notre plan de campagne, c'est-à-dire à continuer de former une petite société indépendante, et à recueillir les blessés abandonnés ou oubliés pour les transporter soit à une ambulance régulière, soit dans un village voisin. Nous formions ce que l'on pourrait appeler les irréguliers de l'Internationale.

Nous entrons à l'hôtel, nos bagages sur le dos ; car il

avait été décidé que nous ne ferions jamais un pas sans emporter nos sacs, et bien nous en prit, comme nous l'éprouvâmes par la suite.

Ces messieurs étaient à table. Je dois avouer que nous fûmes tristement étonnés du contraste que faisait avec les événements actuels le dîner des chirurgiens français. Ils étaient assis, 20 ou 25, à une longue table, chargée encore des restes d'un saumon et d'autres plats délicats que nous ne nous attendions guère à rencontrer ; deux buissons d'écrevisses de la Meuse, de fort bonne mine, étaient encore à attaquer, et, à en juger par la gaieté bruyante de ces messieurs, le vin devait être bon. On ne se serait jamais douté à voir ce tableau que 120,000 de nos braves soldats se fissent égorger à quelques lieues de là, à jeun depuis quatre jours, et dans l'horreur de l'obscurité. Ce souper d'une ambulance française, sous la lance des uhlans, pendant l'agonie d'une vaillante armée, est un fait qui stigmatise une époque, et qui montre à quel degré de démoralisation l'Empire a conduit toutes les classes de la société. Le chef de l'ambulance était absent ; il dînait chez le maire ! Comme plusieurs d'entre nous le connaissaient particulièrement, nous ne voulûmes pas passer à Étain sans lui parler. Deux de nous se rendirent chez le maire, qui fut d'une courtoisie et d'une complaisance au-dessus de tout éloge.

2.

Le docteur L.., chef de l'ambulance, témoigna un profond étonnement mêlé d'ironie de notre arrivée, et surtout du projet que nous avions d'aller seuls, à nos frais, jusqu'au théâtre de la guerre. Pour lui, nous étions des don Quichotte qui n'aboutirions à rien qu'à nous faire faire prisonniers. Quoiqu'il nous eût joints à son personnel, si nous l'avions demandé, nous déclinâmes tout désir d'en faire partie, et lui renouvelâmes notre intention bien arrêtée de rester indépendants.

Une fois cette visite de convenance terminée, nous nous retirâmes dans une petite auberge et nous logeâmes tous dans la même chambre, en donnant ordre à nos voituriers d'être prêts au point du jour. Toute la nuit on entendait résonner dans la rue les pas des chevaux des uhlans. Vers quatre heures du matin, nous étions prêts à partir. Le village paraissait vide d'ennemis; des groupes d'habitants se formaient déjà çà et là : on devisait sur les suites du combat de la veille, quand tout à coup cinq ou six cavaliers prussiens arrivèrent à franc-étrier et commandèrent au maire de faire faire du café noir *sans sucre* pour 150 hommes. Allons, nous avions été vaincus ; les uhlans n'avaient quitté la ville que pour se poster à un kilomètre de là.

Nous sortons d'Étain vers cinq heures, nous dirigeant vers les lignes prussiennes, toujours avec la secrète espérance que ces cavaliers étaient coupés de leur corps d'armée, et que dans un moment donné nous rencontrerions des lignes françaises. Au bout d'un quart d'heure, nous voyions sur notre droite le poste de uhlans qui était la veille à Étain ; de chaque côté de la route un soldat bavarois se tenait debout, un long pistolet d'arçon à la main. Nous avançons ; l'officier du poste fait quelques pas vers nous, nous adresse un salut auquel nous répondons, et nous passons.

Nous traversons alors plusieurs villages ; les mairies, les églises portent le drapeau de l'Internationale ; il ne s'y trouve que des blessés allemands ; dans les rues, quelques soldats achètent à droite et à gauche des vivres ; ils se promènent en fumant leurs longues pipes en porcelaine ; ce sont probablement des infirmiers.

A Conflans, village assez considérable, le tableau change. Les rues sont encombrées d'ambulances allemandes, les auberges remplies de soldats qui mangent et qui boivent. Les paysans nous font remarquer que ces gens payent tout ce qu'ils demandent en monnaie allemande. D'ailleurs, c'est un fait que nous allons constater partout, la conduite des alliés est bien différente de celle des Prussiens. Ceux-ci sont impératifs, exigeants et ne paient point ; ils donnent des bons sur papier libre à faire payer par le gouvernement français ; ceux-là demandent poliment, marchandent et payent comptant.

Nous entrons dans une auberge toute remplie de soldats saxons ; nous y commandons à déjeuner, et, en attendant, nous lions conversation avec quelques-uns. Comme cinq d'entre nous parlaient allemand avec facilité, nous ne manquions pas de mettre à profit cet avantage chaque fois que l'occasion s'en présentait. Nous étions fort inquiets de l'issue de la bataille qui s'était livrée la veille. A voir nos ennemis joyeux, bruyants, le visage enluminé par la boisson, nous n'augurions rien de bon pour l'armée française. Cependant ces gens ne purent nous donner des nouvelles positives ; ils ne s'étaient point battus, ils savaient que, de leur côté, les pertes avaient été très-considérables ; que l'armée allemande occupait toujours à peu près les mêmes positions, et que la bataille s'était terminée dans la nuit. Ils nous parlaient sans jactance, sans bravades. Quelques-uns regrettaient cette guerre qui les séparait de leur pays et de leur famille ; un grand nombre en effet étaient mariés. Ce détachement saxon ne fit qu'un court séjour à Conflans ; c'étaient des soldats du train ; ils s'éloignèrent bientôt dans la direction de Metz.

Les habitants du pays nous donnaient des renseignements qui nous remplissaient d'espoir. A les entendre, les Prussiens avaient été complétement battus, le nombre de leurs morts et de leurs blessés était effrayant ; avant deux heures, nous serions au milieu de l'armée française victorieuse. Ces nouvelles, qui nous étaient données par des témoins oculaires, pour ainsi dire, nous ont prouvé combien il est difficile de juger tout de suite du résultat d'une grande bataille, si rapproché que l'on soit des lignes.

Le village de Conflans se trouvant du côté des positions prussiennes n'a pu juger de l'état de l'armée française, et comme les pertes des deux côtés avaient été énormes, ceux qui ne voyaient que les morts et les blessés ennemis pouvaient penser que nos soldats avaient dû moins souffrir.

A une heure, nous nous remettions en route, ayant reçu du maire et du conseil municipal de Conflans le plus fraternel accueil. Nous nous dirigions aussi dans la direction de Metz. Sur l'indication d'un paysan, nous prenons bientôt à gauche un chemin de traverse, laissant Gravelotte à notre droite. Çà et là, dans les champs, des vestiges de campements, peaux de bestiaux, gamelles, bouteilles, tonneaux. Nous allons toujours devant nous, jusqu'à ce qu'enfin nous nous trouvions en présence d'un immense convoi ennemi. Ce convoi s'étendait à trois kilomètres, allant rejoindre à droite la route de Metz que nous avions abandonnée une heure auparavant. Il n'y avait plus à douter, nous étions en plein dans les lignes prussiennes et l'armée française avait dû être rejetée sur Metz. Les officiers qui commandaient le convoi vinrent à nous, et, avec leur politesse accoutumée ou affectée, s'informèrent du but de notre venue. Nous dûmes alors prendre la file de leurs voitures, tout chemin à travers champs étant impraticable. Il y avait là quelques blessés français ; ils ne savaient rien, sinon que nos pertes avaient dû être considérables.

Notre position était assez pittoresque. Sept Français perdus dans un grand convoi prussien, reçus sans défiance, sans même que l'on nous eût demandé nos papiers, allant tantôt à pied, tantôt en voiture, cheminant au milieu d'ennemis armés qui nous montraient le maniement du fusil à aiguille, nous offraient des cigares ou nous demandaient du feu ; franchement, pour des Parisiens échappés depuis trois jours à peine des boulevards, c'était un rêve.

Nous allions lentement, car la pluie qui commençait à tomber détrempait la terre de labour où les roues des chars entraient fort avant. Vers quatre heures, nous étions à Jouaville, petit village situé sur la limite du champ de bataille. Les maisons, les granges étaient remplies de blessés prussiens. Je vois encore sur un char un général ennemi, l'épaule traversée d'une balle, et qui s'entretint quelques instants avec l'un de nous. Le convoi que nous avions suivi tournait à gauche. Avant de nous quitter, l'officier qui le conduisait avait déployé une magnifique carte du dépôt de la guerre et nous avait indiqué notre route ; nous devions aller toujours devant nous dans la direction de Saint-Privat et aboutir à un coin du champ de bataille. Dans une maison de Jouaville, nous laissâmes nos vivres, un sac d'avoine, des bagages, afin de débarrasser complétement nos voitures que nous destinions à un transport de blessés ; nous pensions revenir ce soir même ou le lendemain matin dans ce village.

Nous avions déjà rencontré dans la campagne quelques Prussiens morts qui étaient venus râler leur agonie en dehors de la ligne de bataille. Au sortir de Jouaville, le théâtre de la lutte s'accentuait davantage ; çà et là un casque à pointe, un cheval mort, éventré d'un boulet, un cadavre à côté, la face contre terre ; là, derrière une haie, un amas de dépouilles, d'armes ; une embuscade sans doute qui avait été défendue pied à pied. Entre Saint-Privat et Jouaville, la cavalerie prussienne avait dû être vigoureusement attaquée, à en juger par les débris qui couvraient le sol. Des soldats ennemis se promenaient la pipe à la bouche, ramassant les armes, les cartouches, inspectant les morts. Un fantassin allemand poursuivait à coups de pierre une malheureuse brebis qui fuyait en bêlant. Nous ne rencontrions pas de cadavres français, indice trop certain, hélas! que l'ennemi n'avait pas été poursuivi! Nous nous étions arrêtés inquiets, craignant d'être arrivés trop tard pour être utiles, quand un soldat prussien vint nous indiquer qu'à quelques pas de là il y avait des blessés français à relever.

Qui n'a pas vu un champ de bataille s'en fait une idée fausse. On ne trouve pas, comme le racontent certains journalistes, des monceaux de cadavres, la terre rougie de flots de sang, couverte des débris de projectiles de toute espèce. Non, à peine voit-on de temps à autre une balle, un morceau d'obus, un boulet qui s'est enfoui en soulevant le sol. Les morts, les blessés sont disséminés; parfois cependant on rencontre plusieurs hommes qu'un même coup a frappés. J'ai vu une rangée de sept cadavres, le genou à terre, la tête, les épaules emportées, les bras tendus dans l'attitude de l'attaque à la baïonnette. A côté, un tirailleur avait dû être frappé étant couché à plat-ventre. Un boulet était arrivé sur sa tête qui avait éclaté jusqu'à la colonne vertébrale, on ne voyait plus que la base du crâne et des traces de cervelle sur la terre. M. T..., capitaine adjudant-major du 1er de ligne, était tombé frappé d'une balle en pleine poitrine ; il avait encore la main dans l'attitude du commandement. Je le regardais quand un officier prussien vint me remettre un petit carnet que l'on avait trouvé près de lui. Le malheureux avait eu sans doute le pressentiment du sort qui lui était réservé, car il avait semé le terrain où il était tombé de cartes de visite sous enveloppe, à l'adresse de sa femme. Il y avait aussi une lettre cachetée. L'un de nous se chargera du triste devoir de la faire parvenir un jour.

Nous avions chargé huit blessés sur nos chars. Ces hommes se répandaient en malédictions contre l'intendance française qui les avait laissés manquer de munitions. « Croiriez-vous, Messieurs, disait l'un d'eux, que nous avions ici deux batteries de mitrailleuses, et qu'à quatre heures de l'après-midi il a fallu les laisser s'éteindre faute de cartouches ; nous sommes restés ici, à deux régiments, avec nos chassepots, sans un canon, jusqu'à la nuit serrée, exposés à la grosse artillerie prussienne. Nous avons été trahis. Ce n'est cependant pas la faute de Bazaine, il a fait ce qu'il a pu; quand il n'a plus eu de munitions, il a sauvé l'artillerie ; nous n'avons pas dû perdre de canons. »

La nuit approchait; des soldats allemands allaient et venaient, jetant des couvertures sur les blessés que l'on ne pouvait transporter, car il y avait des blessures affreuses. Des malheureux, la poitrine trouée de balles, les cuisses emportées ou fracassées, se cramponnaient à nos jambes, en nous suppliant de les enlever. Notre cœur se brisait, mais que faire ? Nos chars étaient pleins, et ces hommes n'avaient plus que quelques heures à vivre! C'était la crainte de la mort, pendant l'horreur de la nuit, qui leur donnait une force factice. Une fois en sûreté, la détente nerveuse se faisait chez ces hommes, et ils tombaient dans l'accablement jusqu'à leur agonie. Les ambulances allemandes étaient à deux lieues de là et nos blessés demandaient à grands cris où étaient les ambulances françaises.

« Ah ! messieurs, disaient les malheureux que nous avions recueillis, qu'est-ce que nous serions devenus sans vous, puisque les médecins militaires nous laissent *crever* ? Les soldats allemands sont meilleurs qu'eux ; ils nous ont apporté des couvertures, du biscuit et à boire dans la journée. »

La plupart des médecins de l'armée de Bazaine étaient à Metz avec leurs régiments, les autres à Saint-Privat, d'où ils ne pouvaient sortir, faute d'avoir des brassards de neutralité. A la fin d'août, les Allemands les renvoyèrent en France par la Belgique.

Nous nous éloignons lentement dans la direction d'Amanvillers, surveillant la marche de nos chars pour éviter les cahots. Quel affreux tableau encore que celui qui nous entoure quand nous détachons les yeux de l'horrible scène de carnage que nous quittons !

II

Deux villages brûlaient encore : Saint-Privat et Amanvillers. La campagne, affreusement dévastée par le passage et le séjour de deux armées, offrait le spectacle d'arbres coupés à hauteur d'homme, de champs dont les récoltes avaient été foulées par le sabot des chevaux et gaspillées. Les habitants avaient fui presque tous, éperdus, et avaient gagné les villes, Metz principalement. Tout ce qui avait pu être récolté avait été heureusement conduit dans cette dernière ville, et mis sous la protection des forts ; ce qui explique la résistance héroïque de Bazaine qui, battant en retraite, a dû trouver là d'assez considérables approvisionnements.

Depuis quelques jours il s'était livré, à peu près dans les mêmes positions, plusieurs batailles. Les noms que leur ont donnés les Allemands ne coïncident pas tous avec ceux que nous connaissons. La première bataille fut livrée le 14 août à Gorze et ses environs. D'après les documents que j'ai recueillis dans les lettres ramassées sur le champ de bataille, lettres datées du 18 au matin, et qui ont été abandonnées par suite des événements, dans cette première affaire, les Prussiens ont été repoussés et ont rétrogradé vers le nord, dans la direction de Gravelotte. C'est la bataille de Gorze, sanglante au dire des ennemis, mais où nos pertes ont été, selon eux, assez considérables pour que nous ne puissions la qualifier de victoire.

Le 16, une nouvelle affaire eut lieu à Verneville. C'est là que se place cette prétendue catastrophe des carrières de Jaumont, si impudemment amplifiée par le rapport du général Palikao.

Que se passa-t-il à Jaumont ? Bien peu de chose, car pendant un mois de séjour dans les lignes prussiennes, au milieu de blessés français, je n'en ai même pas entendu parler. Plus tard, me trouvant en Belgique, à Namur, j'ai appris que ce grand événement se réduisait à un insignifiant épisode de bataille. Quelques compagnies françaises s'étaient prises à l'arme blanche avec de l'infanterie allemande ; une charge de cavalerie avait fait effondrer le terrain et 2 à 300 hommes au plus avaient été tués ou blessés. Nous avions eu notre part du sinistre. Il y a loin de là à 20,000 ennemis engloutis et produisant une infection telle que le prince royal avait dû faire fermer l'immense tombeau où gisait toute une division de son armée.

Cette nouvelle a été aussi amplifiée par les rapports officiels, que la catastrophe de Laon qui fit tant de bruit, et que nous savons maintenant nous avoir été plus fatale qu'aux ennemis.

Le 18, au matin, nos troupes avaient pris de fortes positions sur une ligne s'étendant de Saint-Privat-la-Montagne jusqu'au voisinage de Gravelotte, en passant par Sainte-Marie-aux-Chênes, Amanvillers, Montigny-la-Grange, Saint-Germain ; la plus forte position était celle de Montigny-la-Grange. C'était par là que Bazaine, en cas de défaite, s'était ménagé une retraite sur Metz. L'armée prussienne s'étendait de Résonville à Saint-Privat, occupant Gravelotte et Verneville.

L'armée française s'attendait à être attaquée, comme le témoignent les nombreuses lettres que j'ai recueillies, et qui sont en ce moment entre nos mains ; nos soldats avaient reçu l'ordre de se tenir prêts pour midi; malheureusement, ils n'avaient pas reçu de vivres depuis le 14. « Nous allons encore nous battre, disent beaucoup de lettres. MM. les Prussiens ne semblent pas satisfaits de la frottée qu'ils viennent de recevoir ; ils nous préparent un tour de leur façon, mais nous serons prêts à leur répondre ; ce qu'il y a de triste, c'est que depuis quatre jours nous n'avons pas de biscuit, un peu de mauvaise viande seulement ; mais bah ! une minute de bon sang fait oublier tout le reste. » Il semble d'après des renseignements que l'intendance militaire se soit mise de la partie, par son incurie, pour abattre notre brave armée.

Vers midi commença la bataille qui devait durer jusqu'à neuf heures du soir. Six batteries de mitrailleuses étaient postées sur une hauteur, près de la ferme de Montigny-la-Grange, protégées par un fossé et un retranchement qui masquait des tirailleurs. Dès le début de l'affaire, le génie militaire avait crénelé la ferme, mais ces travaux ne servirent point ; d'ailleurs ils étaient intempestifs, puisque cette ferme avait été convertie en ambulance et mise sous la protection de la convention de Genève par le drapeau de l'Internationale. Jusqu'à quatre heures de l'après-midi la bataille fut engagée de part et d'autre avec une fureur indescriptible. Notre artillerie répondait largement au feu de l'ennemi ; le bruit strident de la mitrailleuse se mêlait sans interruption à la voix sourde du canon ; de loin nous voyions les feux se croiser rapides et se répondant régulièrement. Pendant ce temps trois charges de cavalerie se faisaient. Le 1er régiment de la garde royale prussienne fut presque complétement détruit par nos cuirassiers. C'est un officier allemand qui me l'a affirmé, le prince d'Hasfeld ; il commandait lui-même un régiment de dragons. « Je suis, disait-il, resté trois heures dans la mitraille ; j'ai vu presque tous mes hommes tomber autour de moi, c'est un miracle si je n'ai pas été touché. »

Tout à coup, vers quatre heures, nos mitrailleuses se taisent, les canons soutiennent seuls le feu de toute l'artillerie ennemie, deux fois plus considérable que la nôtre. Les ennemis arrivaient ; ils vont s'emparer de nos mitrailleuses : à tout prix Bazaine veut les sauver. Il lance le 64e et le 98e de ligne à la baïonnette. Ces deux braves régiments s'élancent sous une pluie de balles, d'obus et de boulets ; pendant plusieurs heures ils restent là, seuls, en avant d'Amanvillers, protégeant la retraite de notre artillerie, n'ayant que leurs chassepots pour répondre aux flots d'ennemis qui débouchaient des bois environnants. Pour comble, à la tombée de la nuit, 60 ou 80,000 Allemands arrivèrent comme renfort. Que faire ? Nos batteries s'éteignaient les unes après les autres, les cartouches même commençaient à manquer. Il fallut reculer ! abandonner Saint-Privat, Sainte-Marie-aux-Chênes, se replier sur Amanvillers et la route de Metz, dans la crainte que la retraite ne fût coupée. La nuit heureusement vint à notre aide ; on tirait à l'aveuglette ; de part et d'autre on cessa le feu. Nous avions perdu les deux tiers de nos positions ; l'ennemi n'avança pas plus avant. Bazaine ordonna alors la retraite générale de l'armée sur Metz.

On s'éloigna en abandonnant les tentes, les cantines, beaucoup de bagages et les blessés. Au point du jour, les Allemands pillaient nos dépouilles et occupaient toutes nos positions ; mais notre artillerie était sauvée.

J'ai beaucoup causé depuis avec des officiers prussiens de cette bataille de Gravelotte. Elle fut terrible. Les ennemis en comptant leurs morts rendirent justice au courage de nos troupes. « Nous avons eu, disaient-ils, la guerre du Danemark, c'était la petite guerre ; nous avons eu Sadowa, c'était une grande bataille, mais un jeu d'enfant à côté de la bataille de Gravelotte. »

Je donnerai, en temps et lieu, de nouveaux détails sur cette grande affaire.

C'était le lendemain 19, à 6 heures du soir, que nous arrivions à Amanvillers. Le village, dont plusieurs maisons finissaient de brûler, était complétement vide d'habitants, mais rempli de soldats prussiens ; il en existait un grand campement tout près, sur la lisière d'un bois. Les maisons, les granges étaient pleines de blessés français ; à peine s'y trouvait-il quelques Prussiens. Ceux-ci étaient principalement à Jouaville, Verneville, Résonville et Gravelotte. Nous cherchions une maison vide pour y déposer les malheureux qui étaient étendus sur nos chars, quand un officier allemand, un capitaine, je pense, grand, beau garçon et de tournure distinguée, vint nous offrir ses services. Il nous indiqua, dans le bout du village, une maison abandonnée, et nous engagea à avoir recours à lui, si nous manquions de quelque chose. « Du moment, dit-il, que vous êtes des médecins venus au secours des blessés, vous pouvez compter sur moi, je ferai mon possible pour vous être utile. Vous devez avoir besoin d'eau ; les pompes sont épuisées, mais je sais un endroit du campement où il y a une source ; je vais vous envoyer de l'eau pour vos blessés. » Dix minutes après il revint m'en apporter lui-même deux grands bidons, en réitérant ses offres de service.

Nos blessés mis en lieu de sûreté et soignés, nous reçûmes la visite d'un médecin allemand que l'on avait informé de notre arrivée. Il nous demanda si nous voulions soigner indistinctement tous les blessés, et, sur notre affirmation : « Messieurs, dit-il, soyez les bienvenus ici ; la besogne est grande, car nous sommes seuls. Nous n'avons pas encore vu d'ambulance française ; dans ce village il n'y a que des blessés français. Vous n'en aurez que plus d'ardeur à soigner des compatriotes. »

Hélas ! il n'était que trop vrai, le village n'était rempli que de nos malheureux soldats. Il y en avait depuis le 14. Ils n'avaient reçu directement aucun secours ; pas un biscuit, pas une goutte d'eau, et ils n'étaient pas pansés. Il fallait les entendre se répandre en malédictions contre les ambulances militaires qui les avaient abandonnés. « Maintenant, disaient-ils, que nous ne sommes plus bons à rien, *on nous laisse crever comme des chiens.* » Il y en eut d'oubliés dans les granges qui ne furent découverts par des soldats ennemis que le 22 août, quatre jours après la dernière bataille. On en trouva qui étaient morts de faim, ou dévorés par la fièvre. Il y eut quelque chose de plus horrible : on nous apprit que, pendant la bataille de Gravelotte, à un village voisin, 300 blessés avaient été brûlés vifs dans une grange incendiée par un obus.

Le lendemain matin, 20 août, les Allemands nous envoyèrent de leur campement, de la soupe et de la viande pour nos blessés. Nous leur fîmes alors une première distribution de vivres, et un certain nombre de pansements. Le médecin qui nous avait rendu visite la veille au soir vint nous engager poliment à aller trouver le médecin en chef, qui avait une communication importante à nous faire.

Ce médecin en chef ne parlait que l'allemand. L'un de

nous s'entretint avec lui; et voici ce que nous apprîmes et quels furent les avis que nous reçûmes :

A un kilomètre de là, dans une grande ferme, dite de Montigny-la-Grange, se trouvaient 5 à 600 blessés abandonnés depuis plusieurs jours, sans vivres et sans soins. Un chirurgien français, aide-major au 98° de ligne, le docteur Liénard, avait seul la triste mission de consoler ces infortunés, en leur faisant espérer des secours qui n'arrivaient pas. « Messieurs, disait le médecin allemand, je pense que votre présence sera beaucoup plus utile là-bas qu'ici; nous nous chargerons des blessés d'Amanvillers. Je viens d'apprendre qu'il y a, à quelques pas, une grande voiture des ambulances françaises, dont les chevaux ont été tués ou utilisés ailleurs. Elle est à vous. Faites-la conduire à Montigny-la-Grange; je vous autorise à faire abattre un bœuf dans cette ferme qui possède beaucoup de bestiaux. Vous ferez faire par des hommes valides du bouillon pour vos blessés. Il y a du vin dans les caves; réquisitionnez tout ce dont vous aurez besoin, et donnez au fermier reçu de ce qu'il vous fournira. Je regrette de ne pouvoir vous donner des aides, nous sommes ici très-peu nombreux nous-mêmes, mais nous attendons des ambulances allemandes; dès qu'elles arriveront, je vous promets de vous envoyer du ren-

fort. Quant à présent, je me mets à votre disposition pour toutes les réclamations que vous aurez à faire. »
Il nous préta des couteaux à amputation et nous partîmes. Chemin faisant, nous rencontrâmes M. Guermont, de Metz, neveu du commandant François, blessé grièvement à l'affaire du 18, et mort depuis. M. Guermont avait obtenu des autorités prussiennes le droit de venir soigner son oncle. Il nous avait devancés, et, avec deux chevaux pris à la ferme, il ramenait la voiture d'ambulance.

III

Montigny-la-Grange est un ancien château construit au 16ᵉ siècle, comme l'atteste la date (1547) qu'on lit encore sur le principal corps de bâtiment. Les fossés, qui n'ont pas moins de 16 pieds de large, sont profonds, maçonnés et remplis d'eau ; un mur d'enceinte défend en outre les abords de l'habitation. On y pénètre par un pont de pierre, qui a remplacé le vieux pont-levis, et par une porte en pierres de taille, massive, cintrée et surmontée d'une lucarne en meurtrière. Tout le terrain compris entre les fossés et le mur d'enceinte est planté de grands arbres qui masquent la vue des constructions. Au commencement de ce siècle, ce château a été converti en ferme. Des granges et des écuries ont remplacé les deux tiers des bâtiments seigneuriaux. Au milieu de son immense cour, s'élève le pigeonnier, espèce de tour carrée, surmontée d'un toit pointu en ardoises. Ce château, dominant la campagne, était une forte position ;

aussi le génie militaire avait-il crénelé tous les murs.

Depuis deux jours, nous avions vu de bien tristes tableaux ; le spectacle qui nous attendait encore dépassait toutes les prévisions. La cour était littéralement jonchée de blessés, les granges, les écuries en étaient remplies. Ils étaient là, étendus sur de la paille, sur les fumiers, sur la terre nue, mutilés d'un ou de plusieurs membres, défigurés, saignants, implorant un peu d'eau ou de pain ; les tortures de la faim et de la soif faisaient taire chez eux la douleur des blessures. Il y en avait là depuis plusieurs jours ; nul n'avait été pansé, puisque les médecins militaires les avaient abandonnés pour suivre leurs régiments. Ironie amère d'hommes placés pour rester au chevet des blessés, et qui partent avec les hommes valides ! Pardon, un d'entre eux était demeuré à son poste. Le docteur Liénard, du 98ᵉ de ligne, vint saluer notre arrivée. Pendant la bataille du 18, il avait surveillé le transport des blessés que l'on amenait de tous côtés. Quand notre désastre fut consommé, et que l'armée s'éloigna, il resta, lui, jugeant que son poste ne pouvait être que là où il y avait des souffrances à alléger. Dans la nuit, un médecin principal s'était présenté à la ferme ; il y venait dormir.

« Monsieur, dit le docteur Liénard, je suis seul ici avec plusieurs centaines de blessés, je perds la tête...

— Ah ! vous perdez la tête ! que voulez-vous que j'y fasse ? c'est à vous de ne pas la perdre.

— Mais je n'ai pas de linge, pas de charpie, pas de bandes.

— Faites-en. Quant à moi, je n'y puis rien.

— Mais que vont devenir tous ces hommes ?

— Et qu'est-ce que nous allons devenir, nous autres ? parbleu, ils suivront le sort de la guerre. Mais pourquoi êtes-vous ici ? Vous êtes du 98ᵉ de ligne et vous abandonnez votre régiment ? vous devez le suivre ; tout ce qui se passe ici ne vous regarde pas.

— Monsieur, quelles que soient les conséquences de mon absence, je crois de mon devoir de ne pas abandonner mes blessés. Je reste. »

Le médecin principal s'en fut se jeter sur un lit. Au point du jour, il montait à cheval et prenait la direction de Metz, le cœur léger sans doute.

Notre premier soin fut de pourvoir à la nourriture des blessés ; nous fîmes abattre une vache par des soldats valides, réfugiés là depuis la bataille. Un de nous, M. Suchard, interne des hôpitaux de Paris, passa la matinée à la dépecer ; le soir, tout le monde avait eu du bouillon et un peu de viande. Nous avions fait le plus de pansements possible.

Le 22 août, nous reçûmes du renfort, selon la promesse qui nous avait été faite à Amanvillers. C'était une ambulance militaire, composée de quatre médecins : le docteur Kaufmann, de Darmstadt, médecin en chef (oberstabsarz) en allemand, le docteur Erwin-Thurn, des environs de Francfort, le docteur Maloin-Bial, Silésien de Ohlau, et le docteur Wetter, du 54ᵉ régiment d'infanterie allemande ; ils avaient avec eux quelques aides. Avec ces aides et nos hommes valides, nous commençâmes à organiser un service chirurgical un peu régulier. Tous nos pauvres blessés, restés en plein air, furent rentrés dans les habitations, à l'exception de quelques-uns qui étaient tellement mutilés qu'il était impossible de les toucher. Ceux-ci, on se contentait de les couvrir de paille et de couvertures. Les médecins allemands apportaient avec eux du café, du riz, un peu de pain, de la farine. Du camp d'Amanvillers, on nous envoya un peu de biscuit. J'étais chargé de surveiller la distribution de ces vivres qui se faisait deux fois par jour. C'est alors que nos soldats maudissaient hautement nos ambulances qui les avaient abandonnés, maudissaient l'homme qui les avait forcés à voter pour lui et qui les avait conduits au carnage, inférieurs en nombre et en artillerie.

Il est dur pour des Français de recevoir des leçons d'humanité de la part d'ennemis, mais ce n'était que le début ;

4.

les ambulances allemandes nous en réservaient d'autres.

Le jour de l'arrivée des médecins allemands parmi nous, se place une anecdote assez curieuse pour que je la rapporte.

A midi, un soldat vint nous prévenir qu'un détachement de cavaliers prussiens était entré dans la cour du château et que l'officier qui le commandait nous faisait demander.

C'était un homme de 40 à 45 ans, blond comme la majeure partie des Allemands, de taille athlétique, portant la barbe à la Guillaume. Il était accompagné de ce même officier qui nous avait le premier accueillis à Amanvillers.

« Messieurs les médecins français, dit-il d'une voix forte, je suis le colonel de la gendarmerie prussienne. J'ai reçu avis que des soldats français, échappés de la bataille de Gravelotte et cachés dans les bois, tiraient sur nos éclaireurs ; un certain nombre se sont réfugiés depuis quelques jours dans ce château. Comme ces soldats n'ont pas rejoint leurs régiments, leurs actes d'hostilité sont considérés comme brigandage, et j'ai reçu ordre du roi Guillaume, mon maître, de faire prisonniers tous ceux qui seront rencontrés ; je viens vous engager à visiter tous les soldats de cette ferme qui sont en état de faire quelques kilomètres à pied ; je veux les emmener. D'ailleurs, vous manquez de vivres ici, et ils ne sont que des bouches inutiles. »

Tandis que nous les faisions venir, et qu'un officier allemand les faisait mettre en rangs :

« Ah ça, messieurs, dit le colonel de la gendarmerie, pourriez-vous me dire pourquoi vous nous avez déclaré la guerre ?

— Ce n'est pas le peuple français, lui dis-je, mais le gouvernement de l'empereur.

— Oui, il a voulu faire la guerre, n'est-ce pas, pour maintenir sa dynastie ? Voulez-vous que je vous dise ce qui causa vos malheurs : c'est le plébiscite, ce sont les paysans qui ont voté pour Napoléon.

— Nous le savons, Monsieur ; le peuple français est le premier à souffrir des maux de la guerre, et n'a pu la voir se faire avec plaisir.

— Mais savez-vous que votre gouvernement a été bien étourdi ? Comment, vous faites un plébiscite en faisant voter l'armée séparément ? Mais le jour de la déclaration de guerre, nous savions le chiffre exact de votre armée ; nous savions que vous aviez 300,000 soldats, et que si nous en mettions un million sur pied, vous seriez battus. L'empereur a pris pour prétexte le prince de Hohenzollern ; notre roi lui a fait retirer sa candidature au trône d'Espagne, c'est la preuve que nous voulions la paix. Pourquoi avoir demandé davantage ? pourquoi M. de Gramont a-t-il été si violent au Corps législatif ? Votre gouvernement voulait donc nous faire la guerre à tout prix ? Comment le peuple français a-t-il pu se laisser compromettre de la sorte par Napoléon ? Il n'y a donc pas un soldat chez vous pour tuer cet homme ? Nous n'avions pas voulu la guerre, quoique nous fussions prêts à la faire, et nous étions prêts, parce que notre organisation militaire veut que nous le soyons toujours. » Puis s'animant tout à coup : « Mais ce n'est pas une guerre, ceci, Messieurs ; savez-vous ce que nous avons perdu d'hommes, depuis le 14 août ? 30,000 au moins, et vous autant, si ce n'est davantage ! Ce n'est pas une guerre, non, c'est une boucherie ! c'est une boucherie ! c'est affreux ! Allons, adieu, Messieurs, et bon courage ! » Poussant alors son cheval vers nous, il nous tendit la main et s'éloigna avec ses cavaliers.

95 hommes valides ou blessés légèrement furent alors emmenés ; on nous en laissa 12 comme infirmiers, sur notre réclamation.

Nous avions rencontré dans ce colonel un homme bien élevé, poli ; quelques heures après, nous avions, dans la personne du 1er écuyer du roi de Prusse, un échantillon complet de la morgue et de l'insolence proverbiale des officiers prussiens. Il avait appris que le colonel de la gendarmerie nous avait laissé 12 hommes valides; il nous en enleva 10, prétextant qu'après le combat nos soldats étaient des bandits, et qu'il ne se fiait pas plus à eux dans cette ferme que s'ils étaient dans les bois. Il amenait avec lui un piquet de soldats et donnait ordre qu'on ramassât et emportât toutes les cartouches et toutes les armes qui se trouvaient dans la ferme.

Cependant, nous avions si peu de vivres que beaucoup de nos blessés, malgré les distributions que nous faisions chaque jour, souffraient de la faim. Le lendemain de la visite de ces deux officiers supérieurs, on nous prévint qu'un intendant militaire français était arrivé de Metz, en parlementaire. Que voulait-il, sinon nous ravitailler?

Il était beau, cet intendant, de tenue irréprochable, pantalon collant, veston garni d'astrakan et de brandebourgs, gants jaunes et badine à la main. « Comment, mes enfants, disait-il aux quelques blessés qui l'entouraient, vous n'avez point de vivres ici! soyez tranquilles, je vais vous en envoyer. Nous n'en manquons pas à Metz; je suis venu exprès pour vous. Tu n'as pas de chemise, mon ami! j'en enverrai aussi; vous vous êtes bien battus, vous serez bien soignés, vos maux vont être soulagés. »

Il repartit; vivres et linge sont encore à venir. « Ah bien, oui ! disaient quelques soldats, nous les connaissons bien les intendants ; celui-là est comme les autres, il ne nous enverra rien. »

Quel courage ils avaient, ces hommes ! avec quelle fermeté ils attendaient que leur tour fût venu d'être pansés ! quelques-uns attendirent huit jours ! Ils étaient si nombreux ! Il me semble voir encore l'un d'eux qui avait reçu un éclat d'obus à la tête, et dont le bras avait été emporté par un boulet, gros et fort garçon du Midi, qui se promenait dans la cour, en fumant un cigare que lui avait donné un soldat prussien. Il venait souvent à moi, et me montrant son moignon sanglant pansé provisoirement : « Est-ce mon tour d'être opéré, major? disait-il; vous savez, je suis prêt.

Nous avions déjà fait un certain nombre d'opérations urgentes, quand nos médecins allemands reçurent l'ordre de quitter Montigny-la-Grange pour aller à Gravelotte. Ils furent remplacés le même jour par une grande ambulance hessoise. Nous n'avions eu avec eux que d'excellents rapports ; ils semblaient avoir oublié notre qualité de Français, pour ne voir en nous que des confrères.

L'organisation d'une ambulance allemande est admirable, et, comme la discipline y est la même que dans l'armée, le service des blessés ne laisse rien à désirer. Toutes les ambulances sont internationalisées, c'est-à-dire placées sous la protection de la convention de Genève, qu'elles soient militaires ou qu'elles soient volontaires.

Au commencement de cette guerre désastreuse, nos médecins de régiments, par fausse bravoure, ou je ne sais pour quelle raison, refusèrent de porter le brassard. Ce fut cause de la mort d'un certain nombre ; car, outre que de loin ils n'avaient aucun signe qui dénonçât leur qualité, les broderies dont sont chargés leurs uniformes les faisaient encore prendre pour des officiers supérieurs. Des éclaireurs tiraient sur eux, croyant tuer un colonel ou un aide-de-camp ; chez les Prussiens, rien n'indique de loin le grade. Le costume est sombre et sévère ; à peine voit-on au-devant du col, pour distinguer les chefs, une légère broderie d'or ou d'argent ; les infirmiers de toutes leurs ambulances sont des soldats pris dans l'armée active ; ils ont tous le brassard, point de fusil, un simple coupe-choux. Souvent à une ambulance militaire est jointe une compagnie de volontaires. Ce sont des jeunes gens de bonne famille : étudiants en médecine, en droit, en théologie ou en philosophie ; pas d'uniforme : une casquette en toile cirée, portant sur le devant une petite croix rouge ; ils ont tous un brassard. Comme les infirmiers, ils sont soumis à une discipline sévère. Ce sont eux qui sont particulièrement chargés des soins intelligents à donner aux blessés. Ils font les rondes de nuit dans l'ambulance ; ils surveillent la nourriture, les pansements, mais ils n'en font généralement pas ; les médecins seuls en sont chargés.

La seconde ambulance hessoise était donc très-considérable. Elle était dirigée par six médecins : le docteur Böhm, d'Offenbach, médecin en chef, le docteur Detweiler, de Darmstadt, le docteur Gerhard Engel, le docteur Moldnaor, le docteur Rudolf Messel, chef des volontaires, et M. C. Eich, pharmacien. Outre cela, elle possédait 30 infirmiers et 25 volontaires. Le premier soin du médecin en chef, quand son prédécesseur nous eût présentés, fut de donner à chacun de nous, deux ordonnances et un volontaire comme interprète ; beaucoup de ces jeunes gens en effet parlaient où entendaient le français. Il nous attribua un certain nombre de malades et nous déclara que nous serions maîtres dans notre service, que nous ferions nous-mêmes les opérations que réclamerait l'état de nos blessés, et qu'il nous priait en grâce d'être sévères pour nos infirmiers, sur lesquels nous aurions autant de droits que lui-même. Sous l'impulsion de cet homme intelligent et actif, nous fîmes, du 25 août au 10 septembre, 40 opérations de toute espèce. Il avait fait une partie de ses études à Strasbourg et parlait très-bien le français ; il fut une providence pour nos malheureux blessés, car il employa tous ses efforts à améliorer leur situation.

Les promesses de l'intendant militaire étaient restées sans effet. M. B... fit demander à Darmstadt des vivres et du linge ; dans les premiers jours de septembre, nous vîmes arriver à la ferme 18 chariots, conduits par des habitants de Darmstadt, et remplis de provisions de toutes sortes : vins, farine, salaisons, œufs, café, légumes, matelas, lits, etc. Tout était venu par le chemin de fer jusqu'à Pont-à-Mousson ; là les conducteurs avaient réquisitionné des voitures. Nos blessés furent alors aussi bien que possible. La nourriture abondait. Tous avaient du vin, les amputés recevaient en outre des œufs et une ration supplémentaire de vin et de bouillon. Nous n'avions que des bons à faire, et la pharmacie nous livrait immédiatement ce que nous réclamions.

Que de fois notre brave médecin en chef dut défendre ses provisions contre les détachements de cavalerie ou d'infanterie qui, sachant que la ferme était approvisionnée, venaient pour s'y ravitailler ou si loger !
« Tout ce qui est ici, disait le docteur, appartient aux

malades, et est placé sous la protection de la convention de Genève. Je proteste contre une réquisition ; maintenant je ne vous conseille pas de vouloir loger ici, car nous avons des maladies contagieuses : la pyémie, la dyssenterie, la peste bientôt. »

Les réquisitionnaires se retiraient alors et le docteur B... venait, en se frottant les mains, raconter comment il s'était débarrassé d'eux.

« Je n'ai pas fait venir des vivres pour les Prussiens, dit-il, mais pour les malades et les médecins. »

Que devenait alors la grande ambulance internationale française que nous avions rencontrée à Etain ? Elle était arrivée à Gravelotte presque deux jours après la bataille. L'un de nous, M. Suchard, interne des hôpitaux, chargé d'accompagner des blessés que l'on évacuait sur Pont-à-Mousson, passa par Gravelotte.

Quantum mutatus ab illo !...

Qu'elle était loin du moment où elle parcourait fièrement les boulevards, bannière en tête, l'ambulance de M. le docteur L...! quelle différence entre la vie qu'elle menait si joyeusement à Etain et la vie actuelle ! Par suite de son arrivée tardive sur le théâtre des dernières batailles, elle n'avait trouvé que bien peu de besogne. Les 95 hommes, chirurgiens, aides et infirmiers, partageaient leurs soins entre 19 blessés. Comme ils devaient être bien soignés ! Pour comble, les Allemands avaient tracé tout autour du campement médical une ligne qu'il était expressément défendu à tout médecin ou infirmier de franchir, et en voici la raison : les infirmiers, la plupart ramassés à la hâte et sans choix dans Paris, sortant les uns des hôpitaux civils, les autres on ne sait d'où, se comportaient si mal que les officiers allemands avaient été obligés de menacer et de sévir. Ils n'obéissaient nullement à leur chef d'ambulance. « Vous avez, me disaient des officiers, à qui je demandais plus tard des explications sur leur sévérité, vous avez des infirmiers qui sont plus pillards que nos traînards d'armée.»

Au bout de quelques jours, les Allemands, jugeant qu'un personnel médical si nombreux était dérisoire, versèrent nos blessés, réduits à une douzaine, dans leurs ambulances et dirigèrent nos compatriotes sur la Belgique, et de là, je crois, sur Mayence, où leurs soins devaient être plus utiles. Le même fait s'était déjà présenté pour une ambulance de la Presse, après Wissembourg. Elle était composée d'une centaine de personnes qui, loin du champ de bataille, charmaient leurs loisirs en soignant deux blessés. « Vous n'êtes pas des médecins sérieux, leur avait dit le prince royal; ce n'est pas à plusieurs lieues d'une bataille qu'une ambulance doit s'installer, quand elle veut se rendre utile. » Il l'avait fait reconduire en Belgique. Toutes nos ambulances heureusement ne se mirent pas dans le même cas ; celle dirigée par M. le docteur Sée, et qui est à Metz depuis deux mois, a dû et doit rendre d'inappréciables services ; celle de M. le docteur Pamard, que nous vîmes le 14 septembre à Beaumont, avait un grand nombre de blessés des deux nations. En général le tort de nos ambulances a été, contrairement aux ambulances allemandes, d'arriver lorsque la besogne était à peu près faite. Il faut avouer aussi que les Prussiens semblent avoir pour tactique d'éviter autant que possible que nos blessés guéris puissent se rapatrier et reprendre les armes ; peut-être est-ce pour cette raison qu'ils s'efforcent d'accaparer par leurs ambulances tout le service chirurgical.

A ce moment, fin d'août, l'armée prussienne était en grande partie massée dans les départements du Bas-Rhin et de la Moselle. Autour de Strasbourg, on comptait 70,000 hommes environ, Badois et Bavarois, 15,000 sous Phalsbourg, 5,000 à Bitche ; 250,000 cernaient Bazaine autour de Metz, mais en se tenant à une assez grande distance des forts ; les avant-postes du maréchal se trouvaient à Moulins. A Amanvillers, les ennemis avaient établi plusieurs batteries qui commandaient la route de Metz, et, dans la plaine qui est au sud de ce village, était campé un corps d'infanterie et de la cavalerie; de l'autre côté de Montigny-la-Grange, au pied des collines qui s'étendent de Gravelotte vers Briey, il y eut un campement prussien important jusqu'au 30 août. La cavalerie était composée des dragons de Silésie. Verdun était investi par 25 à 30,000 hommes environ, mais ne devait être attaqué que le 7 septembre, d'après les renseignements que nous avons recueillis. Autour de Toul, on estimait l'armée assiégeante à 50,000 hommes. Les médecins allemands avec qui nous nous trouvions nous affirmèrent qu'en ce moment le nombre total de leurs soldats sur le sol français ne s'élevait pas à moins de 700,000, et qu'il y avait encore 150,000 hommes de la landwehr qui se disposaient à passer le Rhin incessamment.

« Il y a entre nous et vous cette différence, disaient-ils, que lorsque nous avons dit que nous mettrions 1,100,000 hommes sur pied, nous l'avons fait véritablement; et vous, lorsque vous en accusiez un aussi grand nombre prêts à marcher, vous n'en aviez réellement que 300,000 sur qui vous pouviez compter. Nous perdons du monde, parce que vos soldats sont braves et se battent bien; mais comme nous sommes trois fois plus nombreux que vous ne l'êtes, nous finirons toujours par gagner la partie. »

Un soir, je fus fait prisonnier, et voici dans quelles circonstances :

J'étais allé seul à Amanvillers, curieux de savoir ce qu'étaient devenus les blessés que nous avions ramassés nous-mêmes sur le champ de bataille et conduits dans ce village. Je les avais trouvés en assez bon état, pansés régulièrement par des infirmiers allemands, et je regagnais Montigny-la-Grange avant la nuit, quand je fus accosté par deux officiers prussiens. Comme je ne parle pas allemand, je ne compris pas d'abord ce qu'ils me demandaient; l'un d'eux réitéra ses questions en français :

« Qui êtes-vous, Monsieur ?

— Médecin français; je suis venu pour voir des blessés que j'ai amenés dans ce village.

— Mais nous ne vous avons pas encore vu.

— Je suis avec des compatriotes et des médecins allemands à l'ambulance de Montigny.

— Des médecins allemands ? Puis regardant le brassard que j'avais au bras :

— Votre brassard, mais rien ne me dit que vous ne soyez un franc-tireur ; je vous fais *captif*.

— Je suis étonné que vous me preniez pour un franc-tireur ; je porte l'uniforme de l'Internationale et voici ma feuille de route. Si vous me faites prisonnier, employez-moi du moins à soigner des blessés ; je suis venu ici dans ce but.

— Est-ce que vous ne savez pas que vos francs-tireurs portent le signe de la convention de Genève ? Ils ont une blouse bleue et une croix rouge sur le bras. Nous savons que Napoléon a créé des compagnies de volontaires qui portent frauduleusement ce signe de neutralité ; ils ont tiré sur nos éclaireurs qui ne se défient pas d'eux ; aussi le roi Guillaume a décrété que tous ceux qui seraient pris seraient fusillés, parce que ces *guérillas* sont des *brigands*.

— J'ignore complétement, Monsieur, ce que vous me dites. Je puis affirmer que lorsque j'ai quitté les lignes françaises le 17 août, je n'avais pas entendu parler de la formation d'un corps de ce genre ; pour ce qui est de moi, je vous donne ma parole d'honneur que je ne suis pas franc-tireur.

— Oh ! Monsieur, je n'ai pas voulu vous demander votre parole d'honneur : je vous crois. Seulement, comme Français, il est très-imprudent à vous de venir le soir à Amanvillers. Vous pourriez recevoir une balle de nos sentinelles en vous en retournant. Je veux pour votre sûreté vous faire accompagner. Il appela alors un soldat, lui fit mettre une cartouche dans son fusil et lui ordonna de me reconduire.

Je donnai la pièce à mon guide en le quittant, et me promis de ne plus m'aventurer le soir à l'avenir dans les environs de la ferme.

Je ne m'expliquais pas alors qu'il existât des francs-tireurs portant la croix rouge ; depuis, en passant à Montmédy, j'ai eu occasion d'y voir des mobiles de la Meuse qui tous portaient en effet une blouse bleue avec croix rouge sur le bras, non pas la croix en forme d'X que nous avons vue sur les avant-bras de beaucoup de nos mobiles de province, mais la croix de Malte. Les Allemands se trompaient, mais il faut avouer qu'il était aussi très-maladroit de la part du gouvernement de donner prise à une erreur de ce genre ou à la malveillance. Beaucoup de nos braves mobiles ont payé de leur vie sans doute cet imprudent uniforme.

Parmi les officiers qui commandaient les troupes campées près de Montigny, se trouvait le prince d'Hasfeld qui venait de temps en temps nous rendre visite. Le prince a 45 ans environ. C'est un homme de haute stature, la figure balafrée par plusieurs coups de latte reçus au temps où il était encore étudiant. Comme caractère, il contraste étrangement avec ce que l'on dit généralement des officiers de l'armée prussienne. J'ai cru rencontrer en lui ce type devenu rare du vieux soudard du moyen âge, jurant, sacrant, racontant force prouesses, et faisant le bon enfant, surtout quand le rhum ou le cognac dont il se lestait régulièrement dissipait chez lui l'humeur noire. « Quel malheur, me disait-il un jour, que deux grands peuples civilisés comme les Allemands et les Français s'acharnent à se tuer pour deux hommes ! Individuellement on se serre la main, et lorsqu'on est en masse, l'on se tire des coups de fusil. Si vous saviez le mal que me fait la vue de tous ces pauvres diables de blessés ! Je n'ai pas le courage de voir couper une jambe, j'aime mieux m'en aller, et cependant je suis resté des heures entières, insensible, au milieu de la mitraille. Expliquez cela. » En parlant du roi de Prusse : « Il m'a nommé capitaine de dragons, je ne sais pas pourquoi ; à moins que ce ne soit pour me faire tuer. J'ai toujours été de l'opposition, car chez moi je représente le parti libéral. »

Je lui demandai s'il savait quelles seraient les prétentions de la Prusse sur la France, dans le cas où elle continuerait à être victorieuse, et si véritablement elle désirait l'annexion à son territoire de l'Alsace et de la Lorraine. « Non, me répondit-il. M. de Bismark n'est pas assez impolitique pour attacher aux flancs de son pays deux provinces essentiellement françaises de cœur, nous le savons. Il sait bien les embarras que la Lombardie a suscités à l'Autriche ; ce serait une cause d'affaiblissement pour la Prusse. Je crois, moi, que M. de Bismark réclamera simplement l'impôt de guerre, le démantèlement de vos forteresses, ou, au pis-aller, la formation d'un Etat neutre avec les deux provinces conquises. » Nous avons appris depuis que le prince d'Hasfeld, longtemps en disgrâce, était un des plus riches seigneurs de Silésie et même de l'Allemagne.

Cependant des mouvements de troupes se faisaient autour de nous. Pendant la nuit du 30 au 31 août, le corps d'armée campé près de Montigny était parti sur Metz. « Messieurs, je viens vous dire adieu ou au revoir, nous avait dit le prince d'Hasfeld ; il paraît que nous allons nous battre demain. » Ainsi les Prussiens étaient prévenus par leurs espions de la sortie que devait faire Bazaine le lendemain. Dès le point du jour, la canonnade avait retenti du côté de Metz ; elle allait toujours croissant dans la journée ; par instant même le bruit semblait se rapprocher tellement que nous espérions voir apparaître notre brave armée. On ne se figure pas l'émotion que l'on éprouve quand on assiste de loin à une bataille que l'on ne peut voir, mais dont on entend distinctement les bruits ; parmi ces bruits, il n'en est pas de plus sinistre que celui que produit la mitrailleuse. Je me souviendrai toujours d'un duel (s'il m'est permis d'employer ce mot) entre deux grosses pièces d'artillerie prussienne et une batterie de mitrailleuses ; le bruit strident de celles-ci succédant à intervalles égaux à la voix grave et sourde des deux premières, et cela pendant deux heures : lutte acharnée où pendant quelque temps les mitrailleuses seules se firent entendre. La batterie de canons avait-elle été démontée ? L'un de nous, M. Suchard, citoyen suisse, avait obtenu d'accompagner à cheval le médecin en chef, et du haut des collines il put entrevoir cette magnifique sortie sur Thionville que Bazaine poussa si loin et qui coûta si cher à nos ennemis ; mais, à pareille distance, au milieu de la fumée qui remplissait la vallée, il était impossible de reconnaître les costumes et de juger des résultats de l'action. Bazaine s'était avancé cependant fort près de Thionville ; mais, pendant la nuit, les ennemis avaient reçu comme renfort les troupes qui campaient auprès de nous à Amanvillers et à Gravelotte. Nous les avions vues partir, infanterie, cavalerie et artillerie. Que n'aurions-nous pas donné pour les pulvériser ou pour prévenir notre brave général ? Alors, le lendemain matin, la lutte était devenue trop inégale, et Bazaine, craignant d'être accablé ou cerné, battit en retraite sur Metz, depuis l'aube jusqu'à une heure de l'après-midi. Il ignorait alors qu'en ce moment même se consommait l'affreux désastre de Sedan.

Nous apprîmes par les Allemands que les pertes avaient

été sérieuses chez eux ; ils ajoutèrent naturellement que nous avions perdu beaucoup de monde aussi ; mais nous vîmes par la haute estime qu'ils avaient pour Bazaine que le maréchal leur avait prouvé qu'il savait attaquer et se défendre. Le fait est que, dans cette longue sortie, Bazaine ne perdit pas un canon.

Le 4 septembre, à huit heures du soir, par une pluie torrentielle, dans une obscurité profonde, nous entendîmes tout à coup le canon tonner de nouveau dans la direction du fort Saint-Quentin. Cette action ne dura que deux heures. Bazaine, d'après ce que l'on voulut bien nous dire, avait tenté un coup de main sur un convoi ennemi. Nous ne sûmes pas s'il avait réussi.

Le canon de Metz avait salué la République renaissante.

Nous n'étions pas entièrement privés de nouvelles dans notre ambulance, quoique aucun journal français n'y pénétrât ; les médecins nous prêtaient des journaux d'Allemagne, qu'ils recevaient régulièrement chaque jour, et qui bien qu'antidatés ne nous paraissaient pas moins intéressants. En faisant la part des exagérations des ennemis, nous entrevoyions toujours à peu près la vérité. L'un de nos amis, qui parlait allemand, nous faisait la traduction des nouvelles les plus importantes.

C'est ainsi que le 7 septembre nous apprîmes la proclamation de la République à Paris.

Ce même jour, après dîner, le médecin en chef nous pria de passer chez lui pour affaire de service, disait-il ; il avait avec lui deux médecins de ses amis. « Messieurs, dit-il, nous allons, je crois, nous quitter bientôt ; car j'ai reçu l'ordre de me tenir prêt à partir incessamment. C'est pour vous dire adieu que je vous ai invités à venir boire avec nous une bouteille de champagne. Je pense que vous accepterez avec plaisir, car vous avez reçu une bonne nouvelle aujourd'hui : la proclamation de la République vous délivre de votre *Badinguet* et de son *Loulou*. Messieurs, je dois vous faire un aveu. J'ai fait la guerre avec l'Autriche contre la Prusse en 1866, puisque je fais partie maintenant de l'armée des alliés ; nous n'aimons pas les Prussiens, mais il nous faut marcher avec eux. Dans mon pays, je suis de l'opposition, du parti libéral ; je crains le militarisme prussien plus que les Français. Je voudrais les États-Unis d'Europe, une République fédérative qui nous délivrât des guerres. Eh bien ! Messieurs, je bois non pas à la République française, mais à la République européenne, à la paix, et je forme des vœux pour que la République qui vient d'être proclamée à Paris soit la première pierre de l'édifice. »

Cet épisode est trop curieux pour que je n'aie pas cru devoir le rapporter.

Nous parlâmes un jour de la possibilité qu'il y avait que Paris soutînt un siége.

Les médecins allemands prétendaient qu'il était impossible qu'une ville de 2,000,000 d'âmes résistât plus de quinze jours, par la grande difficulté de l'approvisionnement ; que le projet du roi de Prusse n'était pas de bombarder une aussi belle ville, mais de l'investir et de l'affamer. Ils regardaient la résistance de nos forts comme impossible, sans artillerie et surtout sans artilleurs. Ils étaient persuadés que Paris ne possédait pas un marin, toute notre flotte étant dans la Baltique. « Paris assiégé ne peut être sauvé par la province, disait le docteur B.., parce que cette ville est la tête de la France. Tout ce qu'il y a d'intelligences, de capacités, d'énergie est là : coupez la tête, la province est annihilée. En supposant que la ville veuille se défendre, elle ne le pourra pas ; nous connaissons le peuple de Paris : les républicains se battront entre eux, et, à la faveur de vos discordes intestines, les Prussiens entreront chez vous. »

IV

Cependant notre petite société était réduite à trois personnes. Deux de nous, MM. Keller et Schœn, le lendemain de notre arrivée à Amanvillers, étant retournés à Jouaville pour y prendre les vivres et les bagages que nous y avions laissés, ne revinrent plus, et nous ne pûmes avoir de leurs nouvelles. M. Suchard obtint un sauf-conduit pour retourner en Suisse, où des intérêts sérieux le rappelaient. Le docteur Delacroix, malade, avait pu se faire rapatrier par la Belgique avec le docteur Liénard. L'ordre arriva le 10 septembre d'évacuer dans les 24 heures tous les blessés, quels qu'ils fussent, sur des endroits désignés. On s'attendait à une sortie de Bazaine dans la direction de la ferme de Montigny-la-Grange. Ce fut une bien triste opération que le chargement sur de mauvaises voitures de réquisition de ces malheureux, presque tous amputés ou très-gravement blessés. Pour comble, il plut toute la journée. Le lendemain, nous partions nous-mêmes avec l'ambulance allemande pour Gravelotte ; nous emportions cachés dans notre voiture trois chassepots, deux fusils à aiguille et plusieurs sabres qui nous avaient été donnés par nos ordonnances. Le soir la ferme était occupée par 1,500 dragons.

En arrivant à Gravelotte, nous apprîmes d'un médecin prussien que la dyssenterie et le typhus y régnaient. Il n'y avait plus de blessés, tous avaient été évacués. Le docteur B... nous fit obtenir du prince de Hesse un sauf-conduit pour Dun (Meuse); nous avions l'intention d'aller à Sedan, où les blessés ne devaient pas manquer. Ce sauf-conduit nous fut délivré à Résonville, sur l'ordre du prince de Hesse, par le major-général du 12e corps d'armée. Nous devions repasser par Étain et prendre ensuite la route de Damvillers.

Certes, le spectacle de plusieurs milliers de blessés nous avait été bien cruel; mais celui qui nous attendait sur cette route produisit chez nous la plus douloureuse émotion.

Nous n'avions pas fait quelques lieues que nous rencontrions les régiments faits prisonniers à Sedan, et qui étaient conduits sous escorte à Pont-à-Mousson. Là ils devaient prendre le chemin de fer d'Allemagne. C'étaient le 1er de ligne, le 87e, le 89e, le 7e d'artillerie et *tutti quanti!* tous mornes, ou le blasphème aux lèvres et la rage dans le cœur. Quand nous leur demandions des explications : « Nous avons été indignement trahis, livrés, pris dans un piége où l'on nous a conduits, sans que nous nous en doutions ; nous avons des régiments qui se sont fait mitrailler, et beaucoup qui n'ont pas pu donner, pas même tirer un coup de fusil. »

Un certain nombre de prisonniers parvint à s'échapper, en s'attardant le long des routes et en se cachant dans les bois ; ils gagnèrent ensuite la frontière belge. Entre Dun et Damvillers, une centaine de turcos étaient conduits par une escorte de 60 à 80 Bavarois. A mi-chemin, les gardiens ordonnent une halte. Tandis que les fusils sont posés en faisceaux et que les sentinelles se promènent sans défiance autour du petit campement, nos braves turcos se concertent dans leur jargon du désert. A un signal donné, ils bondissent comme des lions sur les faisceaux d'armes, tuent d'abord les sentinelles, chargent à la baïonnette et dispersent l'escorte. Ainsi libres, ils disparaissent dans les bois avec les fusils à aiguille.

J'ai trouvé à Lille, en passant, plusieurs de ces braves Africains. La ville d'Etain était remplie d'officiers, 15 à 1,800. Ce fut par eux que nous apprîmes les premiers détails de cette affreuse capitulation, à laquelle ils n'avaient rien compris, mais qu'ils avaient refusé de signer.

Nous rencontrâmes plusieurs détachements de uhlans

sur la route d'Etain à Damvillers. Les officiers nous saluaient, faisaient serrer les rangs de leurs hommes, pour laisser libre le passage de notre char ; nous ne fûmes arrêtés ni interrogés une seule fois. A Damvillers, un médecin général prussien, chevalier de Saint-Jean, causa quelque temps avec nous. J'ai retenu de cette conversation ce passage qui m'a vivement frappé :

« Quel effet a produit sur l'armée allemande la capitulation de Sedan ?

— D'abord un grand enthousiasme, surtout chez les alliés ; on s'embrassait, on croyait la guerre terminée, après la prise de l'empereur.

— Mais quelle idée avez-vous pu avoir de la capitulation d'un si grand nombre d'hommes ?

— Que voulez-vous ? ils ne pouvaient pas résister. Il semble que vos généraux aient choisi la position exprès pour faire prendre leurs soldats sous nos canons. Voici notre opinion sur votre armée : vos soldats sont des braves qui se sont admirablement battus partout, mais qui malheureusement pour vous ont été conduits par des imbéciles et livrés par un *lâche*.

— Mais qu'allez-vous faire de ce lâche ? fusillez-le donc !

— Que voulez-vous que nous fassions de cet homme ? nous vous le renverrons, et si vous le fusillez, il l'aura bien mérité. » A Dun, plus de blessés, ils étaient évacués sur Libramont. Le commandatur-étappen (commandant de marche) nous signe notre feuille de route et nous engage à aller à Stenay. A Stenay, de même qu'à Dun, nos soins étaient inutiles. « Allez à Beaumont, » nous dit un médecin de l'ambulance prussienne.

Comme je demeure près de Stenay, nous nous arrêtâmes deux jours dans ma famille. Le pays avait peu souffert de l'invasion, car on n'y avait vu que de faibles détachements de troupes saxonnes qui n'avaient été que de passage. Ces soldats avaient payé, en partie, ce qu'ils avaient demandé aux paysans.

Nous avons vu ce champ de bataille de Beaumont. Il eut été bien difficile de choisir un plus mauvais campement. Cette dernière maladresse était réservée à de Failly, que tous nos soldats s'accordent à accuser. Comprend-on que dans un pays comme l'Argonne, un général d'armée, au lieu d'occuper les hauteurs, cache ses troupes dans une espèce d'entonnoir ? Au nord et à l'est, des bois et la Meuse ; au sud et à l'ouest, de fortes collines boisées. C'était en avant de Beaumont que se trouvait de Failly. On sait ce qui arriva : Un corps d'armée prussien était venu du département de la Moselle dans l'Argonne, et avait été fort surpris d'y trouver les défilés libres. Ils ignoraient que Mac-Mahon avait reçu de l'empereur l'ordre de n'y pas rester. Avertis par leurs éclaireurs, les ennemis passent la Meuse pendant la nuit, tournent les bois et vers midi attaquent notre camp à l'improviste. Pendant un instant, c'est une épouvantable confusion, les cavaliers courent après leurs chevaux, les fantassins cherchent leurs armes ; une demi-heure s'écoule dans un désordre inouï et sous le feu. Notre artillerie répond enfin à cette surprise ; au bout de trois heures d'une lutte meurtrière de part et d'autre, notre armée est dégagée ; les ennemis ne poursuivent pas. Que leur importait ? Ils savaient que le prince royal était aux abords de Sedan. Mac-Mahon, blessé grièvement à Mouzon, remet le commandement à Ducrot, avec ordre de marcher sur Montmédy (ce qui sauvait la situation). L'empereur qui était à Carignan, et qui partait pour Sedan, enlève le commandement à Ducrot, pour le donner à Wimpfen, avec ordre de venir à Sedan. Notre armée est attaquée en flanc par le prince royal, en arrière par les troupes qui arrivaient de Beaumont à sa suite. Jetons un voile sur cette page affreuse de notre histoire, mais n'accusons pas à la légère nos soldats qui, sans vivres, sans munitions renouvelées, furent pris dans cet horrible piége que l'homme de décembre semble leur avoir tendu par son incapacité ou sa lâcheté.

Les Prussiens paraissent avoir perdu assez de monde à Beaumont. Sur la place de l'église, il y avait un énorme tas de casques et de fusils de leurs morts. Le village avait eu un grand nombre de blessés, dont on avait déjà évacué une partie sur la Belgique ; les blessés français y étaient beaucoup moins nombreux. Là, nous trouvâmes l'ambulance du docteur Pamard ; elle a dû partir pour Namur le 18 ou le 20 septembre, afin d'être ensuite rapatriée ou de soigner les blessés évacués.

Le commandatur-étappen de Beaumont (dans chaque localité importante nos ennemis laissent un officier avec une centaine d'hommes) nous avertit que maintenant on ne se battait plus dans ce pays, et que si nous voulions trouver de l'occupation il fallait regagner les lignes françaises par la Belgique.

Le 16 septembre, nous passions à Montmédy. La ville avait été bombardée huit jours auparavant pendant cinq heures ; elle avait reçu 3,500 boulets et obus, et voici dans quelles circonstances : Un détachement de 5 à 6,000 Prussiens était venu à Chauvency-le-Château. Le prince de Hohenlohe, qui le commandait, pensait avoir facilement raison d'une petite place qu'il savait à peu près sans garnison ; mais il avait compté sans sa forte position et ses admirables fortifications. En attendant l'attaque, des officiers festinaient dans un château des environs. Deux d'entre eux firent le pari de pénétrer seuls dans la citadelle et d'en ressortir sains et saufs. Ils se présentent en effet le lendemain en parlementaires, sous un prétexte banal, voient le commandant de place et gagnent leur pari ; mais la supercherie fut connue. Un zouave du 3e régiment, échappé de Sedan, se cachait chaque matin dans les bois qui bordent la route de Stenay à Montmédy ; chaque soir, il rentrait à la ville avec la dépouille d'un ennemi ; il en était à son cinq. ou sixième, quand il connut l'issue de l'arrogante gageure des officiers prussiens. Il se poste aux abords de la ville basse. Le prince de Hohenlohe envoie un parlementaire pour demander la reddition de la place. D'un coup de fusil le zouave descend le trompette qui marchait en avant du parlementaire ; celui-ci, agitant son drapeau blanc, se sauve à toutes jambes vers la ville haute, et se plaint hautement au commandant de place de l'attaque dont il vient d'être l'objet. On lui raconte alors la visite des deux faux parlementaires de la veille ; il semble satisfait de l'explication et se retire. Le commandant de place refusait naturellement toute capitulation.

Il était 10 heures du matin. Les ennemis avaient placé plusieurs batteries sur une montagne voisine et qui domine la ville basse. Ils ouvrirent un feu nourri jusqu'à midi ; pour leur répondre, nous n'avions pas un artilleur. Des mobiles de la Meuse faisaient le service des pièces que pointait un vieux capitaine d'artillerie en retraite. Ils recommencèrent le feu de deux heures à cinq heures ; leurs obus et leurs boulets passaient heureusement presque tous au-dessus de la ville. En ce moment, on fit donner une vieille pièce de 24. Le capitaine d'artillerie la pointa ; en trois coups, il fit sauter deux caissons aux ennemis. Ceci les dégoûta, ils enterrèrent leurs morts, ramassèrent leurs blessés et se retirèrent.

Nous avions eu deux hommes tués et une dizaine de blessés.

La sous-préfecture et l'hôtel-de-ville de Montmédy ont particulièrement souffert, l'église a reçu quelques boulets ; les fortifications sont intactes. « Maintenant ils peuvent revenir, je les attends, nous dit le commandant de place ; j'ai 170 artilleurs échappés de Sedan et 600 hommes de garnison, des vivres et des munitions pour deux ans ; car j'avais reçu l'ordre de m'approvisionner pour ravitailler Bazaine et Mac-Mahon. » La ville basse n'a pas reçu un boulet.

Le lendemain, nous prenions le chemin de fer, en Belgique, à Marbehan pour Namur. La sympathie des Belges pour nos soldats est au-dessus de tout éloge ; il n'y a pas de moyens que les habitants des campagnes et des villes n'aient employés à l'insu de leur gouvernement, pour nous renvoyer le plus d'hommes possible. Les trains de Namur à Lille en étaient remplis depuis quinze jours. A Lille, on leur délivrait des feuilles de route pour Tours, où commençait à se former l'armée de la Loire. Mes deux amis me quittèrent à Namur. M. Weber retournait à Mulhouse, où il avait laissé sa famille sans nouvelles depuis plus d'un mois. Le docteur Lagrelette, pensant qu'il était impossible de rentrer dans Paris investi, voulut aller à Lyon par l'Allemagne et la Suisse. Je partis pour Lille. De Lille à Rouen, je vins par un convoi militaire à destination de Tours ; ce convoi était entièrement composé de soldats du train qui, à la capitulation, avait obtenu de rentrer en France.

Le 19 septembre, je traversai Versailles au moment où l'armée prussienne, musique en tête, défilait devant le château, et je rentrai à Paris par le pont de Saint-Cloud, que l'on faisait sauter vingt minutes plus tard.

A ce moment l'investissement était complet.

Novembre 1870.

www.ingramcontent.com/pod-product-compliance
Lightning Source LLC
LaVergne TN
LVHW021002090426
835512LV00009B/2026